ASSOCIATION NATIONALE FRANÇAISE
POUR LA
PROTECTION LÉGALE DES TRAVAILLE

5, RUE LAS-CASES

LA RÉFORME

DE LA

LOI DU 27 DÉCEMBRE 1892

RAPPORT DE M. Charles ARQUEMBOURG

Ingénieur des Arts et Manufactures

Présenté à la Séance du 23 Février 1911

PARIS
Au Siège de l'Association
1911

COMITÉ DIRECTEUR DE L'ASSOCIATION

Paul CAUWÈS, professeur à la Faculté de Droit de l'Université de Paris, président honoraire de l'Association.

A. MILLERAND, député, ancien ministre du Commerce, président.

Ed. BRIAT, secrétaire général du Syndicat des ouvriers en instruments de précision, membre du Conseil supérieur du travail et de la Commission supérieure du travail dans l'industrie, vice-président.

A. LIÉBAUT, ingénieur, membre du Comité consultatif des arts et manufactures et de la Commission supérieure du travail dans l'industrie, vice-président.

Raoul JAY, professeur à la Faculté de Droit de l'Université de Paris, membre du Conseil supérieur du travail, secrétaire général.

Léon de SEILHAC, publiciste, délégué permanent du service industriel et ouvrier du *Musée social*, trésorier.

Georges ALFASSA, ingénieur civil, E. C. P.

Louis BARTHOU, député, ministre des Travaux publics.

Adéodat BOISSARD, professeur à la Faculté libre de Droit de Paris.

François FAGNOT, enquêteur à l'*Office du travail*.

Arthur FONTAINE, directeur du Travail au Ministère du Travail et de la Prévoyance sociale.

Arthur GROUSSIER, député.

Auguste KEUFER, délégué permanent de la Fédération française du Livre.

Abbé LEMIRE, député.

André LICHTENBERGER, directeur-adjoint du *Musée social*.

Henri LORIN, ancien élève de l'Ecole Polytechnique, membre du Comité de perfectionnement du Collège libre des Sciences sociales.

Etienne MARTIN-SAINT-LÉON, bibliothécaire du *Musée social*.

Comte A. de MUN, député.

C. PERREAU, ancien député, professeur à la Faculté de Droit de l'Université de Paris.

Eug. PETIT, docteur en Droit, ancien chef du cabinet du ministre du Commerce.

Paul PIC, professeur à la Faculté de Droit de l'Université de Lyon.

Ivan STROHL, industriel.

Edouard VAILLANT, député.

Richard WADDINGTON, sénateur.

SIÈGE SOCIAL : **5, rue Las-Cases, PARIS**

LA RÉFORME

DE LA

LOI DU 27 DÉCEMBRE 1892

RAPPORT DE M. Charles ARQUEMBOURG

Ingénieur des Arts et Manufactures

Messieurs,

En me faisant l'honneur de me demander un rapport sur les modifications à apporter à la loi du 27 décembre 1892, votre Secrétaire général ajoutait qu'il désirait me voir exposer l'opinion patronale sur la conciliation et l'arbitrage.

Je me suis efforcé de répondre à son désir en parcourant les principaux documents qui ont été publiés sur ces questions à la suite des discussions soulevées au sein des chambres de commerce et des syndicats patronaux par les divers projets de lois ayant pour but de régler les conflits du travail. Au cours de ce rapport, j'aurai l'occasion de reproduire les arguments invoqués dans ces documents, à l'encontre surtout de l'arbitrage, unanimement repoussé par le patronat. Si je n'ai pas trouvé dans ces documents la même opposition à l'égard de la conciliation obligatoire, il n'en est pas moins certain que celle-ci ne serait pas acceptée sans critiques et je dois ajouter que je n'ai pas trouvé à côté des arguments contre l'application obligatoire de la loi de 1892, l'indication des solutions nettes, aptes à lui donner plus d'efficacité; objet de la discussion que vous avez instituée.

D'autre part, si intéressant qu'il puisse être de résumer et condenser les opinions des personnes autorisées qui, dans ces grands groupements de l'industrie, ont toute qualité pour parler en son nom, il est bien difficile à un rapporteur de faire abstraction de ses idées personnelles. Il me paraît même que ce serait de sa part une erreur, car, lorsqu'une idée nous paraît juste, il est de notre devoir de l'affirmer et de la défendre, fût-elle même un peu en contradiction avec les idées qui ont cours dans le milieu où nous sommes appelés à évoluer.

Vous trouverez donc dans ce rapport, à côté de critiques et d'opinions qui me paraissent fondées et que je partage, des idées et des solutions qui sont de nature à soulever des objections de la part du patronat. Je vous devais tout d'abord cette déclaration.

Pour étudier les modifications à apporter à la loi du 27 décembre 1892, la première chose à faire est de rechercher comment elle a été appliquée, d'examiner les résultats de son application, comment ils ont varié; d'étudier les causes de ces variations afin de voir si de cet examen nous ne pouvons pas tirer un enseignement.

Les statistiques publiées par l'Office du travail nous permettent cette étude. Constatons d'abord que, depuis 1890, le nombre des grèves, tout en variant notablement d'année en année pour augmenter, puis diminuer, n'en accuse pas moins une progression définitivement croissante, puisque, parti de 390 en 1890, il est arrivé à 1,073 en 1908, après avoir passé par 1,309 en 1906. La régularité de cette progression frappe surtout si l'on groupe ces nombres par périodes de deux ans.

Pendant l'année 1895, la proportion des recours à la loi a été de 20,74 %, elle augmente jusqu'à 27 % en 1901, puis tombe à 20 % en 1902 pour revenir à 29 % en 1905 ; elle décroît ensuite rapidement à partir de cette date pour arriver à 26,96 % seulement en 1908. Si l'on rapproche ces chiffres de ceux des grèves, on constate que, pendant les années 1896-97-98, le nombre des grèves a diminué tandis que la proportion des recours augmentait, cette augmentation s'arrête en 1899-1900, tandis que, pendant ces deux années, le nombre des grèves fait plus que doubler. Nouvelle augmentation des recours en 1901, correspondant à une notable diminution des grèves ; en 1903 et 1904, la proportion est peu inférieure à celle de 1901. Le nombre des recours à la loi atteint son maximum en 1905, 29,64 % ; en 1906, augmentation considérable du nombre des grèves, qui atteignent leur maximum, 1,309. Depuis cette date, la proportion des recours à la loi va toujours en diminuant, tout au moins jusqu'en 1908, dernière année dont les résultats ont été publiés. La diminution portant surtout sur les recours provoqués par les ouvriers, il semble que ceux-ci perdent confiance dans l'efficacité d'une intervention légale et c'est là un symptôme assez inquiétant.

Les résultats obtenus par l'application de la loi ne sont cependant pas négligeables, on peut même dire que son effet utile tend à s'affirmer. Si, en effet, au lieu de s'en tenir à l'examen du pourcentage des recours annuels, nous examinons quels ont été les résultats obtenus grâce à ces recours, si nous comparons, par exemple, les résultats de la période de quatre ans, de 1895 à 1898, avec celle de même durée, de 1905 à 1908, nous constatons qu'il y a eu, pendant la première période, seulement 16

recours à la loi avant cessation du travail et que 3 grèves
seulement, soit 18,75 °/₀ du chiffre des recours, ont pu
être évitées. Pendant la deuxième période, il y a eu 68
recours avant cessation du travail et 42 grèves, soit 60,
76°/₀, ont pu être évitées.

Si nous passons au recours après déclaration de la
grève, il y a eu, pendant la première période, 354 recours
qui ont mis fin à 111 grèves, soit une proportion de
31,35 °/₀ ; pendant la deuxième période, il y a eu 912 recours qui ont mis fin à 466 grèves, soit 51,10 °/₀.

En résumé, pendant la période de 1895 à 1898, la procédure instituée par la loi a permis de mettre fin à la
grève dans 31 °/₀ des cas soumis à la conciliation, et dans
la seconde période, de 1903 à 1908, à 52 °/₀ ; il y a là un
progrès très notable. Il n'en est pas moins certain que les
résultats donnés par la loi de 1892 sont insuffisants,
quelles que puissent être les causes du manque de confiance en son efficacité que lui témoignent patrons et ouvriers.

En abordant l'étude des causes de l'échec relatif de la
loi de 1892 et la recherche des remèdes à y apporter, ou-
vrons une parenthèse pour examiner ce qu'est le droit de
grève et comment il est compris par les ouvriers, car
c'est peut-être là l'un des principaux motifs de cet échec.

Si nous cherchons simplemennt à définir les faits que
nous constatons, nous pouvons dire que la grève est la
cessation collective du travail convenu. Cette cessation
est, en général, le résultat d'un concert préalable qui
porte un nom spécial, *la coalition*. Il peut y avoir coalition sans qu'il y ait grève, car des ouvriers peuvent s'entendre et s'engager à n'entreprendre un travail qu'à des
conditions déterminées ; le contrat de travail n'existant
pas et l'ouvrier étant libre de donner ou de refuser son
travail, leur acte ne constitue pas un acte de grève.

Antérieurement à la loi du 25 mai 1864, de telles ententes étaient prohibées sous des peines sévères ; elles étaient réprimées par la loi pénale. Depuis la loi du 25 mai 1864, elles sont permises et la loi de 1884 n'a fait que confirmer ce droit en même temps qu'elle donnait aux ouvriers le moyen d'en user plus facilement et, par voie de conséquence plus fréquemment, par la constitution de groupements permanents, des syndicats, destinés à défendre leurs intérêts. La loi de 1864 n'a pas créé d'autres droits, elle n'a en rien légiféré sur la grève et si celle-ci peut être une conséquence, une sanction de la coalition, il n'en découle pas pour les ouvriers le droit de ne pas observer leurs engagements sans s'exposer aux sanctions civiles que peut entraîner cette non-observation.

On ne peut se méprendre sur les intentions du législateur de 1864, car la loi est intitulée loi sur les coalitions et on lit dans l'exposé des motifs ces lignes caractéristiques qui montrent que la question qui nous préoccupe n'est pas nouvelle et que la confusion actuelle commençait déjà à se manifester : « Pour déconsidérer les coalitions, on affecte, en général, de les confondre avec les grèves, comme, pour les défendre, on s'obstine à les assimiler aux associations. La grève est sans doute un effet possible de la coalition, mais elle n'est pas la coalition. Se coaliser, c'est proprement, au sens exact, s'entendre, se consulter, prendre une décision en commun sur les conditions du travail. La grève peut suivre ; c'est une sanction de la coalition ; elle ne constitue pas la coalition elle-même ».

Donc la loi de 1864 a donné aux ouvriers le droit de coalition, elle leur a implicitement permis de donner par la grève une sanction à ce droit, mais elle n'a pas créé à leur profit un droit particulier, le droit de grève, dont les conséquences seraient que, par une déclaration de grève et par le fait de la cessation collective du travail, il leur serait permis de modifier à leur profit les règles essentielles du droit civil et d'échapper aux sanctions qu'aurait entraînées pour chacun d'eux isolément la cessation du travail en dehors des conditions convenues.

C'est donc une erreur absolue, à l'abri de ce sophisme qu'est le prétendu droit de grève, de rechercher quels peuvent être ses effets sur le contrat de travail ; les effets d'un droit inexistant ne peuvent exister. Pour savoir ce que devient le contrat de travail en cas de grève, il suffit de se demander ce que deviennent les contrats individuels qui lient chaque ouvrier avec le patron.

A cette question, la Cour de cassation a répondu dans divers arrêts, notamment dans celui du 15 mai 1909 dont les attendus sont très nets.

« Attendu qu'aux termes de l'article 1780 du Code civil, complété par la loi du 27 décembre 1890, le louage des ouvriers fait sans détermination de durée peut toujours prendre fin par la volonté d'un seul des contractants, sauf à celui-ci en cas d'exercice abusif et préjudiciable de son droit de résiliation, d'être passible de dommages-intérêts envers l'autre partie ;

« Attendu que l'ouvrier qui se met en grève rend impossible, par son fait volontaire, la continuation de l'exécution du contrat de travail qui le liait à son patron ; que cet acte, s'il ne lui est pas interdit par la loi pénale, n'en constitue pas moins de sa part, quels que soient les mobiles auxquels il a obéi, une rupture caractérisée dudit contrat ; et que les conséquences juridiques d'un acte de cette nature ne sauraient être modifiées par la circonstance que son auteur aurait entendu se réserver la faculté de reprendre ultérieurement, à son gré, l'exécution de la convention mise par lui à néant. »

La grève, c'est la rupture du contrat de travail de la part des ouvriers, et cette rupture, toujours permise lorsque la durée du contrat n'a pas été fixée, ne les expose pas moins à une demande de dommages-intérêts si elle a eu lieu d'une façon abusive. Or, n'est-ce pas un abus certain, lorsque le contrat ou les usages prévoient un délai de prévenance, de rompre brusquement le contrat sans observer ce délai ?

Nous sommes bien loin du prétendu droit de grève tel que le comprennent les ouvriers, tel qu'ils le revendiquent et tiennent à le conserver, car ils ont souvent déclaré que la grève ne pouvait avoir de résultats que si elle éclatait soudainement ; c'est même là le principal motif de leur opposition au projet de règlement amiable des conflits du travail, déposé en 1900 par M. Millerand, projet qui interdisait la grève si elle n'était précédée de tentatives de conciliation et d'un vote régulier, opposition qui s'est manifestée bien qu'aucune sanction ne fût attachée à cette interdiction.

Les ouvriers, il est vrai, ne s'embarrassent pas de rechercher dans le Code l'origine de leur prétendu droit ; il existe pour eux parce que cette manière de faire est nécessaire, parce que cette tactique est indispensable au succès de leurs revendications, parce que le contrat de travail, contracté par eux dans des conditions d'infériorité qui vicient leur propre consentement, devrait, par suite, être suspendu devant la volonté du groupement, seul capable de traiter d'égal à égal avec le patron. Il n'est pas utile, je crois, d'insister sur l'incohérence de telles théories, la fin ne justifie pas les moyens ; où nous conduirait l'application de tels principes dans tous les rapports sociaux ?

Ce n'est pas sur de tels arguments que s'appuient les nombreux juristes qui ont discuté sur les effets de la grève avec le désir de justifier l'acte de grève et de lui donner le caractère d'un état particulier permettant aux grévistes d'échapper aux responsabilités certaines qu'ils peuvent encourir.

Sans aller jusqu'à nier le contrat de travail, on a cru pouvoir trouver dans le caractère particulier de ce contrat des raisons suffisantes pour ne pas soumettre son exécution à des règles aussi rigides que celles qui régissent les autres contrats. On a également invoqué que la commune intention des parties, tout au moins celle des ouvriers, était de donner au fait de grève le caractère d'une suspension du contrat plutôt que celui d'une rupture.

Discuter ces théories nous entraînerait trop loin ; nous nous bornerons à faire remarquer que, sans contester qu'il serait peut-être utile de se préoccuper plus que ne l'a fait le Code civil d'un contrat qui a pris une telle importance en raison du développement considérable de l'industrie, tant que cette législation spéciale n'aura pas été faite, on ne peut se dispenser d'appliquer les règles du droit existant. Ce n'est pas surtout une cause pour abandonner au profit de ceux qui désirent ne pas tenir leurs engagements un principe aussi fondamental que celui du respect des conventions.

En ce qui concerne la commune intention des intéressés de considérer le contrat comme simplement suspendu, il me semble que, peut-être pour le besoin de la cause que l'on défend, on a créé une équivoque entre les intentions et les désirs des grévistes aussi bien que des patrons. Certes, il n'est pas douteux que la plupart du temps le désir des premiers est de rentrer dans l'usine abandonnée, de continuer à offrir leur travail, il n'en est pas moins certain que leur intention a été, en cessant le travail, d'obtenir au moins des modifications à leur contrat ; or, refuser d'exécuter un contrat s'il n'est pas modifié, n'est-ce pas le rompre pour lui en substituer un autre?

Si la confusion s'est produite, si cette erreur du droit de grève s'est implantée dans l'esprit des ouvriers et a gagné dans l'opinion publique, si cette autre erreur de la grève suspendant le contrat de travail a pu prendre assez de consistance pour trouver des défenseurs parmi des juristes autorisés, la responsabilité en incombe peut-être grandement aux patrons. Une loi non appliquée tombe en désuétude ; un droit que l'on abdique tend à disparaître et, par contre, une erreur que l'on semble accepter prétend ensuite s'imposer comme un véritable droit.

En ne protestant pas d'une manière effective contre la cessation brusque et abusive du travail, en n'usant pas, sauf de très rares exceptions, de leur droit à obtenir la réparation du préjudice que leur cause cet exercice abusif de la grève, les patrons ont donné l'impression qu'ils étaient désarmés, que la loi ne mettait aucun moyen de défense à leur disposition. Ils ont paru accepter cet état de choses, comme une conséquence du caractère collectif du conflit. L'objection qu'il n'est pas possible de mettre en cause tous les ouvriers d'une usine n'a pas de valeur et n'excuse pas cette abdication, car il suffit d'agir contre quelques-uns pour affirmer son droit. En ne le faisant pas et en engageant des pourparlers sans avoir bien précisé que l'ancien contrat de travail n'existait plus et que ceux-ci n'avaient d'autre but que d'en former, si possible, un nouveau, les patrons donnaient au moins l'impression que la grève pouvait n'avoir à leurs yeux qu'un caractère suspensif. S'ils avaient d'abord affirmé leur droit, on n'aurait pu interpréter comme on le fait les pourparlers très naturels entre un patron qui a besoin d'ouvriers pour faire fonctionner son établissement et ceux qu'il reprendrait de préférence à d'autres, puisqu'ils sont déjà au courant des conditions spéciales à son industrie.

Il peut paraître étonnant que, dans un rapport destiné à rechercher quels sont les moyens les plus propres à développer l'idée de la conciliation, nous reprochions aux patrons de s'être montrés trop conciliants en n'usant pas de leur droit ; il semble que nous soyons bien loin de notre sujet. Il nous paraît, au contraire, que cette discussion était absolument nécessaire si nous voulons rechercher les motifs du développement des grèves, car l'une des causes de cette progression et de l'échec relatif de la loi de 1892 doit être attribuée à cette mentalité particulière de la classe ouvrière et de ses dirigeants, à cette notion incomplète de ses droits et de ses devoirs.

Il nous paraît que, pour ramener l'opinion dans la direction vraie, il faut maintenir les principes du droit ; et si les grèves sont une mauvaise chose, c'est faire un acte contraire aux intérêts généraux, à ceux des ouvriers eux-mêmes, que d'en favoriser le développement par un abandon des moyens que la loi elle-même offre pour les combattre. Quand cette résistance n'aurait pour effet que de restreindre le nombre de cessations brusques de travail en faisant réfléchir les ouvriers sur les responsabilités qui peuvent en résulter, de retarder ainsi de quelques jours la déclaration de grève et de permettre d'engager dans l'intervalle des pourparlers de conciliation, ce serait déjà un résultat. Le projet de loi de M. Millerand avait au moins cet avantage d'affirmer nettement, sans aucune sanction, il est vrai, que celle dont on peut user actuellement, que les ouvriers n'avaient pas le droit de se mettre en grève sans observer un délai de préavis.

Si nous nous reportons à l'examen des statistiques, il

en résulte l'impression que les juges de paix sont loin
d'avoir fait tout ce qu'il était possible pour développer
l'intervention de la loi et que l'on peut leur reprocher de
s'en être un peu trop désintéressés. Nous constatons, en
effet, qu'il y a eu, pendant la période de 1895 à 1900,
10,362 grèves ; les juges de paix ne sont intervenus que
dans 1,088, soit 10,50 % des cas. Leur intervention la
plus active en 1905 s'est élevée à 17,80 % pendant la
même période, non compris l'année 1899, dont nous
n'avons pu nous procurer les résultats. 768 grèves, soit
7,98 %, ont été solutionnées par l'intervention de
diverses personnalités : préfets, sous-préfets, députés,
maires, etc. 721, soit 7,45 %. par l'intermédiaire de
syndicats ouvriers ou patronaux. Ainsi, tandis que les
juges de paix n'interviennent que dans 10 % des grèves
et pas toujours avec succès, d'autres interventions non
prévues par la loi ont permis de mettre fin à 15 % des
grèves. Ces derniers résultats montrent combien aurait
été plus efficace l'action d'une organisation de conciliation bien appropriée au but à atteindre et dont l'intervention aurait été active.

De l'examen de ces mêmes statistiques, il ressort que
c'est surtout du côté des patrons que l'application de la loi
a rencontré le plus de difficultés ; il semble même qu'ils
soient opposés à son intervention, car les recours de leur
part sont très rares, ils n'atteignent pas 1 % et les documents publiés par l'Office du travail indiquent que très
fréquemment ils refusent d'accepter la tentative de
conciliation. Cette opposition n'est pas une opposition
de principe ; il est assez facile d'en découvrir les motifs.

La plupart du temps, le patron est surpris par la
déclaration de grève. Le travail a cessé avant qu'il ait
même connaissance des griefs invoqués par les ouvriers ;
il lui est donc absolument impossible d'user de la loi

comme moyen préventif. Lorsque la grève est déclarée, interviennent d'autres considérations. Froissé dans son amour-propre, irrité peut-être par le préjudice que lui cause la grève, par les difficultés qu'il entrevoit, le patron est mal disposé pour se prêter à la conciliation. En la sollicitant, il craint de perdre de son autorité ; peut-être même craint-il, en faisant le premier pas, de faire apparaître aux yeux de ses ouvriers, plus grand qu'il n'est en réalité, l'embarras dans lequel il se trouve et d'augmenter leurs exigences.

Enfin, la procédure instituée par la loi n'est pas faite, il faut bien le reconnaître, pour lui donner toute confiance. S'il saisit le juge de paix du différend, quels seront les délégués que désigneront les grévistes ? Nombreuses sont les grèves provoquées ou prolongées par des interventions étrangères au personnel de l'usine et les patrons estiment avec raison qu'ils s'entendent plus facilement avec leurs ouvriers. Rien dans la loi ne leur garantit que les délégués seront choisis parmi les ouvriers de l'usine. Bien que le juge de paix ne soit désigné que pour diriger les débats, son rôle ne peut être aussi effacé et, pour arriver à un résultat en présence de ces deux éléments opposés l'un à l'autre, il est nécessaire qu'il s'en trouve un troisième qui puisse s'interposer et faire œuvre de conciliateur. Le juge de paix, peu au courant de la vie industrielle, ne connaissant aucune des questions techniques qui peuvent entrer en jeu, est-il bien préparé pour remplir ce rôle de conciliateur ?

Si la tentative de conciliation n'aboutit pas, le patron ne sera-t-il pas fatalement entraîné plus loin qu'il n'aurait voulu ? La loi prévoit que, dans ce cas, le juge de paix invitera les parties à désigner des arbitres. Il est à craindre que les grévistes ne désignent ceux qui ont déjà, en quelque sorte, imposé la grève par leur intervention. Quant au patron, les arbitres qu'il désignera seront toujours moins au courant que lui-même des difficultés qui l'obligent à résister ; il est certain d'être moins bien défendu au moment de l'arbitrage. Si les arbitres ne s'entendent pas, ils choisissent un tiers arbitre ; à défaut d'entente sur ce point, celui-ci est nommé par le président du tribunal. Voilà donc, en fin de compte, le différend apprécié, sinon jugé puisque la sentence est sans sanction réelle, par un inconnu.

Il ne faut pas oublier que la sentence est rendue publique, que l'opinion publique est ainsi saisie. Le patron peut-il réellement s'en remettre à un tiers désigné en dehors de son intervention du soin de se prononcer le sur bien-fondé de sa résistance et de créer contre lui une présomption de mauvaise volonté ou tout au moins d'exigence injustifiée ?

Cet aboutissement de la loi à l'arbitrage est l'une des causes de son échec du côté patronal, car c'est surtout à propos de l'arbitrage que se manifeste l'opposition des patrons qui envisagent plus volontiers l'obligation de la tentative de conciliation. Ils estiment que beaucoup de grèves ont pour origine des malentendus qu'il serait facile de dissiper par des explications franchement données, tant que les questions d'amour-propre ne sont pas en jeu, ou de demandes inconsidérées de la part des ouvriers dont la discussion loyale pourrait également leur montrer le mal-fondé ou l'exagération.

Voici ce que nous écrivait à ce sujet l'ingénieur en chef d'un grand établissement industriel du Nord :

« La conciliation met en contact les patrons et les
« ouvriers. Chaque partie apprend ainsi les motifs qui
« guident l'attitude de l'autre ; elle peut les apprécier.
« Les malentendus se dissipent. L'une ou l'autre des

« parties finit par se laisser convaincre et par céder, ou
« bien l'on se met d'accord de plein gré pour une tran-
« saction. La conciliation a une valeur pacificatrice bien
« supérieure à l'arbitrage. Il est donc d'un grand intérêt
« d'en multiplier les tentatives, de les rendre obliga-
« toires en cas de grève déclarée, d'obliger, par une
« sanction à déterminer, les parties à se prêter à la
« constitution du comité de conciliation et à comparaître
« à cet effet devant le juge de paix.

« En résumé, nous sommes partisans de la comparu-
« tion obligatoire. Nous adhérons, sauf en un point, au
« projet de loi qu'avait élaboré, en 1906-1907, la section
« du Nord de l'Association nationale pour la protection
« légale des travailleurs. »

De ce projet, nous ne voudrions exclure que l'article
suivant auquel nous ne pouvons adhérer :

« Les parties pourront choisir leurs mandataires, soit
« parmi les intéressés, soit parmi les membres d'un syn-
« dicat de la profession.

« Nous estimons, en effet, que les mandataires doivent
« être choisis parmi les intéressés et que l'immixtion de
« tiers ne peut qu'être nuisible au succès de la tentative
« de conciliation. Par contre, nous approuvons la partie
« de ce projet relative à l'adjonction possible aux
« comités de conciliation, quand il en existe, de conseils
« permanents créés par l'initiative privée, conseils
« d'usine ou conseils de métier. »

Dans un rapport, présenté en 1906 à la Chambre de
commerce de Paris, sur le projet de loi de M. Millerand,
voici comment s'exprimait M. David Mennet :

« L'erreur capitale de la proposition de loi est de laisser de côté la conciliation et de croire que tous les différends entre patrons et ouvriers, quel qu'en soit l'objet,
peuvent être réglés par un arbitrage. Il en est assuré-

ment qui se termineraient aisément en conciliation et
sur lesquels même on accepterait la décision d'un
arbitre; mais, lorsque le désaccord porte sur des intérêts
vitaux, d'où dépend le fonctionnement d'un établissement, il n'y a pas matière à exercer l'arbitrage. Comme
il est impossible de déterminer par une loi les cas où
l'arbitrage pourrait être admis et ceux qui ne sauraient
lui être soumis, comme les parties intéressées ont seules
qualité pour se prononcer à cet égard, il est nécessaire
que l'arbitrage reste facultatif, soit que l'on ne se trouve
pas tenu de se présenter devant des arbitres, soit au
moins que l'on reste libre de se conformer ou non à leur
sentence.

« Voulez-vous examiner quelques-unes des principales
causes de grève? Vous verrez combien il est difficile,
dans des cas en apparence similaires, de déterminer les
différends que l'on peut abandonner à la décision des
arbitres et ceux sur lesquels les intéressés ne sauraient
accepter de compromis.

« Les discussions relatives aux salaires sont bien souvent l'objet d'une transaction, des tiers s'entremettent
avec succès pour préparer un accord et il semble
presque qu'on puisse généraliser l'intervention des
arbitres en cette matière. Cependant, le chef d'entreprise
est seul en état de mesurer la portée des sacrifices con-
sentis, de connaître l'élasticité de ses prix de revient et
de ses tarifs de vente, de juger à quel moment il doit
s'arrêter de céder. Permettra-t-on à des arbitres moins
éclairés ou plus indifférents de se substituer à l'industriel et de lui imposer des augmentations de salaires
déclarées par lui trop onéreuses, au risque de compro-
mettre la marche de l'établissement?

« Les questions de personnes, dans certaines circons-
tances, se prêtent à un arbitrage; il s'y mêle souvent un

entêtement d'amour-propre et l'intervention d'une personne désintéressée facilite les concessions réciproques.
Pourtant, si le contremaître mis en cause est un loyal
employé ou n'a agi que par ordre supérieur, si l'ouvrier,
soutenu par ses camarades, doit profiter de l'impunité
pour fomenter de nouveaux désordres, le patron ne peut
pas abdiquer son autorité entre les mains des arbitres et
soumettre tous ses actes à la revision d'une commission
d'arbitrage. Il serait évidemment intolérable que tout
renvoi ou tout embauchage donnât lieu à une récrimina-
tion des ouvriers et à une décision des arbitres. » Et,
récemment interrogé sur la même question, il répondait
ainsi :

« Je ne voudrais pas, cependant, que vous puissiez
croire que je repousse tout système fondé sur la conciliation, soit directement, soit avec le concours de tierces
personnes. Ce que je critique, c'est l'obligation de se soumettre à des sentences arbitrales alors que les conditions vitales d'une industrie sont en jeu. Mais je suis très
favorable, et mes collègues de la Chambre de commerce
également, aux tentatives de conciliation qui, évidemment, n'aboutiraient pas toujours, mais permettraient
souvent, j'en ai la ferme conviction, de dissiper les
malentendus par de franches explications et de résoudre
amiablement les différends par de mutuelles concessions. »

« La conclusion de ces explications est d'abord que la
loi de 1892 devrait être modifiée de manière à faciliter la
réunion des comités de conciliation avant la déclaration
de grève. Il faudrait, en outre, appliquer littéralement
l'article 10 de la loi, d'après lequel le juge de paix, en
cas de grève, intervient d'office. Enfin, il y aurait à
rechercher si le juge de paix, dont l'autorité est souvent
discutée, est bien qualifié pour remplir cette délicate

fonction. Ce point est fort important, car du choix du
médiateur chargé de prendre l'initiative de la conciliation et surtout de présider le comité dépend pour beaucoup le succès des négociations. »

Mêmes critiques et même opinion sur la conciliation
dans le rapport présenté à la Chambre de commerce de
Lyon par M. Isaac.

Toutes ces observations sont fort justes et elles expli-
quent pourquoi le patron a si rarement recours à la loi.

Puisque nous imputons en grande partie à l'arbitrage
l'échec de la loi, il n'est peut-être pas inutile d'examiner
ce que peut être l'arbitrage et si ce n'est pas une véritable confusion que, dans une loi appelée à jouer aussi
bien après la cessation du travail qu'avant et dans
tous les conflits, quelle qu'en soit la nature, on a pu être
amené à parler d'arbitrage.

Si nous nous reportons aux statistiques des grèves et à
leurs causes, nous constatons que, depuis 10 ans, 57 pour
cent des grèves ont eu pour cause des demandes d'augmentation de salaires ; 15 pour cent, des demandes de
diminution d'heures de travail — sans changement de
salaires — ce qui correspond, en fait, à une augmentation ; 12 pour cent des demandes de réintégration
d'ouvriers ; 11 pour cent, des demandes de renvoi d'ouvriers ou contremaîtres. Donc, dans 95 pour cent des
cas, la grève porte, au moins partiellement, sur des
questions dont la solution ne peut être réservée, suivant
les patrons, qu'à leur appréciation.

Or, l'arbitrage est un jugement sur un différend ayant
pour origine l'interprétation d'un contrat. Quand la grève
porte, comme cela arrive quelquefois, sur l'interprétation
des conditions convenues pour le paiement du travail,
sur l'interprétation des règlements d'ateliers, sur un
abus d'autorité du patron ou de ses préposés pour le

renvoi d'un ouvrier, il peut même y avoir matière à arbitrage. Nous comprenons cette concession faite par le patron, dans des cas semblables, de ne pas user de son droit de considérer le contrat comme rompu par le fait de la cessation du travail et de s'en remettre à un arbitre du soin de décider sur cette réclamation touchant à un point accessoire du contrat, car, dans ce cas, c'est peut-être à lui-même qu'il y a lieu d'imputer la faute initiale, créatrice du litige.

Mais peut-il y avoir lieu à arbitrage lorsque le litige porte sur l'essence même du contrat, lorsqu'il ne s'agit plus de l'interpréter, mais de le modifier ; quand on se place après la déclaration de grève et qu'il s'agit alors non plus même de modifier le contrat, mais d'en conclure un nouveau ? Le rôle d'un arbitre est d'interpréter les volontés des parties intéressées. Il n'a jamais été et ne pourra jamais être de substituer sa volonté à la leur. Ceci n'est plus de l'arbitrage, c'est de la tyrannie et de la tyrannie qui ne peut même s'abriter derrière cette autre formule tyrannique : le but justifie les moyens, car elle ne peut donner un résultat.

On n'obligera jamais, quelles que soient les sanctions, un ouvrier à donner son travail dans des conditions qu'il juge inacceptables, pas plus on n'obligera un patron à faire fonctionner son usine dans des conditions qui le mènent tout droit à la ruine.

Mais on objectera que les faits démentent la théorie, que l'arbitrage a souvent fonctionné en matière de conflit du travail, qu'il a permis de mettre fin à des grèves, à celles précisément qui intéressaient le plus grand nombre de travailleurs. A cela il est facile de répondre.

Il n'est pas contestable que l'intervention d'un tiers peut être utile, même pour la formation d'un contrat, lorsqu'il s'agit de trouver un terrain d'entente commune et nécessaire entre des intérêts opposés en principe. Si, après avoir débattu devant un tiers les conditions essentielles du contrat, lorsqu'une divergence subsiste sur quelques points, les intéressés ont assez de confiance dans le caractère et les capacités de celui-ci pour lui demander, d'un commun accord, de se prononcer en toute indépendance et de dire de quel côté est la vérité, cela peut être une solution excellente ; mais, d'une solution facultative, appelée à jouer à titre exceptionnel, non pas même du consentement des parties, mais sur l'expression formelle de leur désir, vouloir faire une disposition légale et lui donner par cela même l'apparence d'une solution à laquelle on est moralement obligé d'avoir recours et dont le rejet doit être exceptionnel, il y a loin.

De tout ce que nous venons de dire, il semble résulter que nous n'attendons aucun résultat d'une intervention légale quelconque. Il ne faudrait pas en tirer une conclusion aussi absolue ; si nous avons la conviction que pour combattre la progression de la grève il faut beaucoup plus attendre du progrès des mœurs et des idées, il ne nous en semble pas moins intéressant de faire intervenir l'action légale pour développer l'idée de la conciliation et, à cet égard, une loi nous paraît utile. Mais, pour qu'elle soit efficace, il faut qu'elle. soit limitée dans la mesure nécessaire afin de ne pas heurter les opinions.

La conciliation est reconnue par tous comme une chose utile. Il n'y a pas d'opposition systématique à l'obligation de la tentative de conciliation, par contre, l'idée de l'arbitrage rencontre de nombreux adversaires. Nous pensons qu'il faudrait séparer les deux questions, faire d'abord une loi sur la conciliation et rendre obligatoire la comparution devant le conseil de conciliation.

C'est à cette solution que s'est ralliée, en 1907, la section du Nord de votre Association. Inscrivant dans la loi le principe de l'obligation, elle avait jugé nécessaire de lui donner une sanction effective. Elle frappait d'une amende de 5 à 100 francs toute personne qui refuserait de comparaître devant le juge de paix à qui elle laissait le soin d'assurer le fonctionnement de la loi.

On a fait à ce système l'objection que le juge de paix ne pourrait déterminer avec certitude sur qui il devait faire retomber la responsabilité de la non-comparution, qu'il convoquerait au hasard et punirait de même. Cette difficulté peut se présenter, mais il n'y a pas là une objection de principe qui puisse faire rejeter le système si l'on croit pouvoir en obtenir un bon résultat.

Du côté du patron, il n'y a pas de difficultés, on l'a reconnu. Du côté des ouvriers, il n'y en aura pas la plupart du temps.

Dans toute grève, il y a des dirigeants, il y a des ouvriers qui prennent la tête du mouvement, qui provoquent des réunions, qui constituent un comité de grève. Ces dirigeants sont connus. Ils ont d'eux-mêmes, en quelque sorte, assumé la responsabilité du mouvement. C'est eux que l'on convoquera et c'est sur eux que retombera la sanction s'ils ne comparaissent pas. Si, dans quelques cas, le juge de paix ne sait réellement qui convoquer, la loi ne jouera pas, cela est vrai, mais il en est de même des sanctions attachées à l'observation de toutes les lois; de ce qu'elles ne peuvent pas être appliquées toutes les fois qu'elles devraient l'être, elles n'en sont pas moins nécessaires et utiles. On peut, du reste, remarquer que, la question sanction mise à part, le juge de paix se trouve actuellement en présence de la même difficulté pour savoir quelles sont les personnes qu'il doit convoquer lorsqu'il intervient d'office après déclaration de grève. Cette difficulté n'a pas arrêté le législateur.

J'ai rencontré dans divers documents l'opinion que le juge de paix n'avait pas la compétence voulue pour intervenir utilement dans les discussions qui se déroulaient devant lui et qu'il n'avait pas assez d'autorité pour s'imposer comme conciliateur.

Pour qu'une loi sur la conciliation donne un résultat pratique, il paraît nécessaire de réaliser ces deux conditions : compétence et autorité de celui qui procède à la tentative de conciliation ; on a proposé, à cet effet, de remplacer le juge de paix par un juge d'un tribunal civil. Occupant un poste plus élevé dans la hiérarchie judiciaire, le juge au tribunal civil aurait certainement plus d'autorité, mais on peut toujours lui faire le même reproche au point de vue de la compétence technique, et si celle-ci n'est pas indispensable lorsqu'il s'agit de prononcer un jugement sur un litige et que le juge peut, au préalable, se procurer auprès d'hommes compétents tous les renseignements qu'il juge utiles, il en est tout autrement lorsqu'il doit directement intervenir pour rechercher un terrain d'entente entre les parties.

D'autre part, s'il est facile de recourir au juge du tribunal, lorsque le différend se produit dans la ville même où siège le tribunal, on ne peut guère lui demander de se déplacer lorsque celui-ci se produit dans une localité plus ou moins éloignée, car, pour arriver à un résultat, il faudra souvent plusieurs réunions.

Ce sont ces considérations qui nous engagent à maintenir le juge de paix comme organe de mise en action de la loi ; mais, pour obvier aux inconvénients signalés de manque de compétence technique et peut-être d'autorité, nous voudrions qu'il fût aidé dans sa tâche de concilia-

teur par des assesseurs qui lui apporteraient cette compétence.

Nous pensons que le système suivant pourrait être adopté : dans chaque arrondissement, il serait constitué un comité de conciliation composé, suivant l'importance et la diversité des industries, de dix à vingt membres, de telle sorte qu'au moins les principales industries fussent représentées. Les membres du comité seraient élus par moitiés, d'une part, par les chambres de commerce et les syndicats patronaux, d'autre part, par les organisations ouvrières. Ces personnes ne seraient pas nécessairement des industriels et des ouvriers, il serait même préférable que quelques-unes, au moins, fussent choisies parmi des personnalités occupant déjà des situations en vue et jouissant, par cela même, d'une autorité reconnue, parmi d'anciens industriels ou parmi les conseillers prud'hommes. En convoquant les parties pour la tentative de conciliation, le juge de paix choisirait, dans ce comité, pour l'assister, deux ou quatre personnes qui lui paraîtraient plus particulièrement désignées, suivant la nature du conflit ou l'industrie mise en cause.

Lorsque la tentative de conciliation se transformerait en arbitrage par la volonté des intéressés, on trouverait dans ce comité des arbitres tout indiqués.

Nous sommes persuadés que la loi ainsi limitée quant à son objet, modifiée quant à son mode de fonctionnement, ne soulèverait plus les mêmes préventions et que l'on pourrait en attendre de bons résultats.

Avant de terminer ce rapport, et puisque notre but est, avant tout, d'aplanir les difficultés, de rechercher les moyens d'empêcher les grèves de se produire, il me semble qu'il reste à examiner un dernier point que nous avons laissé de côté, bien qu'il ait, à notre avis, une grande importance.

L'exercice de l'industrie revêtait, à l'origine, un caractère familial. Les établissements occupant une grand nombre d'ouvriers étaient l'exception. Le patron vivait au milieu de ses ouvriers, partageant souvent leurs travaux ; il avait plus d'occasions de s'intéresser à eux et de le leur témoigner. Exerçant directement son autorité, il en usait avec plus de bienveillance, donnait prise à moins de réclamations et, par cela même qu'il était plus accessible, les réclamations lui arrivaient plus aisément.

Il n'en est plus de même aujourd'hui, l'industrie tend à se concentrer dans de vastes usines occupant des centaines d'ouvriers. Le chef d'établissement, absorbé par la direction de cette grande entreprise, absorbée par la partie commerciale dont le rôle est souvent prépondérant, ne paraît que rarement dans ses ateliers ; l'ouvrier ne l'approche pas, il ne peut l'apprécier, il est porté à ne voir en lui que le maître qui commande et au bon plaisir de qui il doit se plier. Patron et ouvriers ont des intérêts communs, car, si le patron a besoin de ses ouvriers, le bien-être de ceux-ci dépend de la prospérité de leur industrie ; ce sont donc des collaborateurs dont l'entente est nécessaire et ce sont en même temps des collaborateurs qui s'ignorent. Quelle entente durable peut s'établir entre eux ?

Il me semble que l'on aurait fait un grand pas vers l'apaisement, si l'on pouvait modifier cet état de choses, rapprocher patrons et ouvriers, les mettre directement en contact, sans intermédiaire entre eux. Le patron a des devoirs et des responsabilités. S'il est contraint, par les nécessités de l'organisation industrielle, de déléguer une part de son autorité à des directeurs ou des contremaîtres, il ne doit pas laisser croire qu'il leur a, en même temps, délégué l'accomplissement de ses devoirs.

Il y avait dans le projet de M. Millerand, auquel nous

avons déjà fait allusion, une excellente idée, c'était celle de l'institution de délégués ouvriers dont le rôle était de servir d'intermédiaire, de rétablir le contact perdu entre ces deux éléments. Comme les difficultés naissent souvent entre les ouvriers et ceux qui ont la direction effective de leur travail, par l'institution de ces conseils d'usines, le patron auquel les ouvriers pourraient directement s'adresser en deviendrait le véritable arbitre.

Il existe, dans notre région du Nord, divers conseils d'usines organisés sur des bases analogues. Leur rôle n'est pas limité à l'examen des réclamations individuelles, les questions de tarifs et de prix de revient leur sont souvent soumises. Ces conseils fonctionnent dans des industries très diverses. A la suite d'une grève qui a eu des conséquences graves et qui a même été accompagnée de violences regrettables, quelque chose d'analogue a été constitué sous le nom de commission mixte dans laquelle se rencontrent patrons et ouvriers pour discuter les questions de tarifs. Ces organisations ont donné d'excellents résultats.

Des institutions analogues fonctionnent à l'étranger, en Angleterre, notamment, sous le nom de chambres de travail, en Belgique, en Autriche.

L'expérience ayant été heureuse, il semble que cette organisation aurait dû être facilement acceptée. Elle n'en a pas moins soulevé les plus vives critiques.

Dans le rapport de M. Isaac, que nous avons déjà cité, nous lisons ces lignes :

« On comprend d'autant moins l'insistance que l'on met à faire accepter aux patrons les délégués permanents que l'école socialiste, qui inspire cette législation, soutient en théorie la nécessité de la lutte des classes et la met en pratique le plus souvent possible. Dès lors qu'on invite les ouvriers à organiser la lutte permanente et

irréconciliable contre les patrons, comment ceux-ci
seraient-ils assez naïfs pour accepter la surveillance con-
tinue et l'immixtion de ceux qui ne pensent qu'à les combattre? Les conseils d'usines dont nous parlions tout à
l'heure sont l'œuvre de disciples de Le Play, de ceux
qui se groupent dans les unions de la paix sociale. N'y a-
t-il bas quelque ironie à les imiter, quand on ne croit au
progrés que par la lutte sociale, pour ne pas dire la
guerre?

« Nous repousserons donc, Messieurs, la création des
délégués permanents obligatoires. Que ceux qui sont assez
sûrs de l'esprit conciliant de leurs ouvriers en fassent
l'essai, s'ils le veulent, mais qu'à aucun prix cette obligation ne soit insérée dans nos lois.

« Il se peut fort bien que, dans certains milieux, cette
organisation ait sa raison d'être et donne d'excellents
résultats. Mais l'intervention de la loi est inutile. Nous
ne craignons pas de le dire, on abuse de la législation, et
ainsi on nuit à l'autorité des lois. Les passions politiques
les inspirent et les laissent ensuite dans l'oubli. Elles
existent et on ne les applique pas, telle en son article 10
la loi du 27 décembre 1892.

« C'est que la loi ne devrait exister que pour donner aux
citoyens certaines garanties primordiales qui sont indis-
pensables pour consolider les bases de la société. Que si
on en fait un instrument de réglementation touchant à
tout, s'immisçant à tout propos dans les rapports libres
des citoyens libres, prévoyant tous les cas et applicable à
toutes les particularités, on n'aboutit qu'à la confusion,
au désordre et à la tyrannie. »

Nous comprenons, pour notre part, les critiques et l'opposition qui se sont manifestées. Il n'est pas douteux que,
dans l'esprit de l'auteur du projet, cette organisation avait
le but d'apaisement que nous pensons, pour notre part,

utile à rechercher ; mais les intentions ne commandent pas les résultats et d'une organisation destinée à ramener la paix, on peut tirer une cause nouvelle pour ranimer la discorde. Tout autre peut être le résultat donné par une organisation excellente en elle-même, si elle est faite de bonne volonté, si elle apparaît comme une concession voulue à une idée de justice et d'équité, ou si au contraire elle apparaît comme une mesure imposée pour vaincre une résistance injustifiée. L'intervention de la loi n'est pas toujours opportune. Mais, si nous nous rallions volontiers sur ce point à l'opinion exprimée par le rapporteur de la Chambre de commerce de Lyon, nous ajouterons qu'il ne suffit pas de s'élever contre l'intervention de la loi lorsqu'elle essaie de combattre un mal social et d'y apporter un remède.

Nous dirons aux patrons : les grèves vous atteignent dans vos intérêts, c'est une raison pour rechercher tous les moyens d'en restreindre les effets et le développement, mais la question est plus haute. Votre situation sociale, votre éducation supérieure, votre instruction, votre fortune même, l'autorité nécessaire que vous réclamez à juste titre, vous imposent des devoirs ; suivant la belle parole si souvent rappelée d'Engel Dolfus, vous devez à vos ouvriers autre chose que le salaire. La grève laisse après elle un cortège de misères et de souffrances devant lequel vous n'avez pas le droit de rester indifférents. Vous aviez dans la loi de 1892 un moyen d'atténuer ces misères, vous ne vous en êtes pas servi. Malgré ses imperfections, malgré la méfiance qu'elle pouvait vous inspirer, votre devoir était peut-être d'essayer au moins d'en tirer quelque profit. Il y a mieux à faire au point de vue de la conciliation et de l'apaisement, faites-le, alors seulement vous aurez le droit de vous élever contre l'intervention du législateur.

VŒUX

PROPOSÉS COMME CONCLUSION DU RAPPORT

L'*Association pour la Protection légale des Travailleurs* émet le vœu que la loi du 27 décembre 1892 soit modifiée de telle sorte :

1° Que l'objet de la loi soit limité à la conciliation ;

2° Qu'il soit constitué dans chaque arrondissement un comité de conciliation de 10 à 20 membres représentant les principales industries de la région et élus moitié par les organisations patronales, moitié par les organisations ouvrières ;

3° Que la tentative de conciliation soit rendue obligatoire devant le juge chargé de la mise en action de la loi, assisté de deux ou quatre membres choisis par lui dans le comité de conciliation ;

4° Qu'une sanction pénale soit appliquée à ceux qui, régulièrement convoqués en conciliation, ne répondraient pas à cette convocation, ou qui, y ayant répondu, mais n'acceptant pas de se prêter à un essai de conciliation, refuseraient d'en indiquer les motifs ;

5° Que l'arbitrage fasse l'objet d'une législation spéciale qui ne puisse être obligatoirement imposée que dans le cas où il s'agirait de trancher un litige portant sur l'interprétation d'un contrat en cours et que sa seule sanction soit dans ce cas la publicité donnée à la sentence tant que les *organisations ouvrières ne seront pas en mesure d'assumer une responsabilité effective ;*

6° Que des instructions soient données aux juges de paix pour qu'ils provoquent la tentative de conciliation chaque fois qu'ils auront été informés de l'existence d'une grève.

Orléans. — Imp. AUGUSTE GOUT et Cⁱᵉ.

TROISIÈME SÉRIE *(Suite)*

VIII. *La grève et l'organisation ouvrière.* — Communication de M. A. Millerand, président de l'Association.

Chaque brochure : **0 fr. 60.**

L'ensemble de ces brochures forme un volume de **3 fr. 50** sous le titre :

LA PROTECTION LÉGALE DES TRAVAILLEURS

Troisième série (1905-1906).

Rapports présentés à l'Assemblée de Genève (1906) par la Section française

Le travail de nuit des adolescents dans l'industrie française. — Rapport de M. Martin-Saint-Léon. — Brochure, **0 fr. 60.**

Les poisons industriels. — Rapport de M. Georges Alfassa. — Brochure, **0 fr. 60.**

L'assurance ouvrière et les ouvriers étrangers. — Rapport de M. Henri Barrault. — Brochure, **0 fr. 10.**

La limitation légale de la journée de travail en France. — Rapport de M. Raoul Jay. — Brochure, **0 fr. 60.**

Le travail à domicile en France. — Rapport de MM. Paul Pic et A. Amieux. — Br., **0 fr. 30.**

QUATRIÈME SÉRIE

LE CONTRAT DE TRAVAIL (Examen du projet de loi du Gouvernement). — Rapports de M. Perreau, professeur à la Faculté de Droit de Paris, et de M. Fagnot, enquêteur au ministère du Travail. — 1 volume, **3 fr. 50.**

Rapports présentés au Congrès de Lucerne (1908) par la Section française

Le travail de nuit des enfants dans les usines à feu continu. — Rapport de M. F. Fagnot.

Le travail industriel des enfants. — Rapport de M. Georges Alfassa.

La réalisation de l'égalité entre nationaux et étrangers. — Rapport de M. A. Boissard.

Chaque brochure : **0 fr. 60.**

CINQUIÈME SÉRIE

I. et II. *La Conciliation dans les conflits collectifs et les travaux de la section du Nord de l'Association.* — Rapport de M. Aftalion. — *La loi du 7 mars 1850 et le Mesurage du travail à la tâche.* — Rapport de M. Ad. Boissard. — Brochure, **1 fr. 20.**

III. *Le Contrat de travail et le Code civil.* — Rapports de MM. Perreau et Groussier. — 1 volume, **3 fr. 50.**

IV. *La Réforme de l'inspection du travail en France.* — Rapport de M. Eugène Petit. — 1 volume, **3 fr. 50.**

V. *Collaboration des ouvriers organisés à l'œuvre de l'inspection du travail.* — Rapport de M. Henri Lorin. — 1 volume, **3 fr. 50.**

VI. *Les Accidents du Travail dans l'Agriculture.* — Rapport de M. Henri Capitant. — 1 volume, **3 fr. 50.**

SIXIÈME SÉRIE

I. *Les Problèmes du Chômage.* — Rapport de MM. F. Fagnot, Max Lazard, Louis Varlez. — 1 volume, **2 fr. 50.**

II. *La Réforme de la Procédure de la Mise en Demeure.* — Rapport de M. E. Briat. — 1 volume, **1 fr. 75.**

III. *Le Travail de Nuit dans les Boulangeries.* — Rapport de M. Justin Godart. — 1 volume, **1 fr. 25.**

IV. *Le Travail de nuit des enfants dans les usines à feu continu.* — Rapport de M. l'abbé Lemire. — 1 volume, **1 fr.**

Ces publications sont servies aux membres de l'Association.

L'Association nationale française examine et discute dans ses réunions périodiques les questions de législation du travail à l'ordre du jour. Elle publie le compte rendu de ses discussions.

Sont membres de l'Association les personnes et les sociétés qui considèrent la législation protectrice des travailleurs comme nécessaire et adhèrent aux statuts de l'Association.

La cotisation annuelle est fixée à **10 francs.** Elle est réduite à **3 francs** pour les personnes ou les sociétés qui ne demandent pas à recevoir les publications de l'Office international.

Les adhésions sont reçues par le trésorier de l'Association : M. Léon de Seilhac, délégué permanent du Musée social, 5, rue Las-Cases.

Orléans. — Imp. Auguste Gout & Cie